3-1

"따라쓰기 쉬운" 바른 글씨체 쓰기

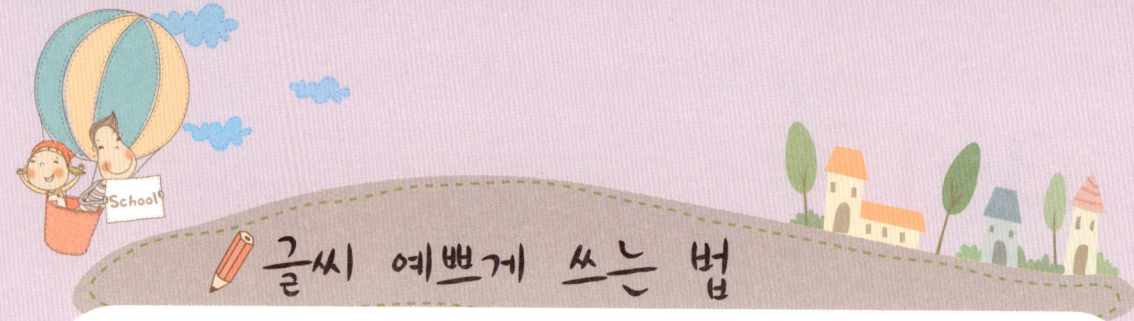

글씨 예쁘게 쓰는 법

　바른 자세는 예쁜 글씨의 기본조건입니다. 같은 사람이라도 필기구 잡는 법을 바꾸면 글씨체가 바뀝니다.
　필기구를 제대로 잡아야 손놀림이 자유롭고 힘이 많이 들어가지 않으며 글씨체도 부드러워집니다. 또 오른손이 필기구를 잡는다면 왼손은 항상 종이 위쪽에 둬야 몸 자세가 비뚤어지지 않습니다.
　글씨 연습의 원칙 중엔 '크게 배워서 작게 쓰라'도 있습니다. 처음부터 작게 연습을 하면 크게 쓸 때 글씨체가 흐트러지기 쉽기 때문입니다. 글씨 연습의 첫 출발은 선 긋기입니다. 선 긋기만 1주일에서 열흘 정도 연습해야 합니다. 글씨의 기둥 역할을 하는 'ㅣ'는 쓰기 시작할 때 힘을 주고 점차 힘을 빼면서 살짝 퉁기는 기분으로 빠르게 내려긋습니다. 'ㅡ'는 처음부터 끝까지 일정한 힘을 줘 긋습니다.
　선 긋기 연습이 끝나면 'ㄱ' 'ㄴ' 'ㅅ' 'ㅇ'을 연습합니다. 'ㄱ'과 'ㄴ'은 꺾이는 부분을 직각으로 하지 말고 살짝 굴려줘야 글씨를 부드럽게 빨리 쓸 수 있습니다. 'ㅇ'은 크게 쓰는 것이 중요합니다. 'ㅇ'은 글자의 얼굴격이기 때문입니다. 작게 쓰면 백발백중 글씨가 지저분하게 보입니다.
　다음엔 자음·모음 배열법입니다. 글자 모양을 '◁' '△' '◇' 'ㅁ' 안에 집어넣는다고 생각하고 씁니다. 예를 들어 '서' '상' 등은 '◁'모양, '읽'은 'ㅁ'모양에 맞춰 쓰는 식입니다. 글씨를 이어 쓸 때는 옆 글자와 키를 맞춰줘야 합니다. 키가 안 맞으면 보기 흉합니다. 글씨를 빨리 쓸 때는 글자에 약간 경사를 주면 됩니다. 이때는 가로획만 살짝 오른쪽 위로 올리고, 세로획은 똑바로 내려긋습니다.

예

이책의 구성과 특징

❶ 글씨 쓰기는 **집중력과 두뇌 발달**에 도움을 줍니다.

❷ 흐린 글씨를 따라 쓰고 빈칸에 맞추어 쓰다 보면 **한글 자형**의 구조를 알 수 있습니다.

❸ 글씨쓰기의 **모든 칸을 원고지로 구성**하여 바르고 고른 글씨를 연습하는데 좋습니다.

❹ **원고지 사용법을 기록**하여 대화글 쓰는데 도움이 됩니다.
  예 ? (물음표) – 묻는 문장 끝에 씁니다.

❺ **퍼즐을 넣어** 단어의 뜻과 놀이를 동시에 할 수 있습니다.

❻ 단원 끝나는 부분에 **틀리기 쉬운 글자를 한번 더** 복습하여 낱말의 정확성을 키워 줍니다.

바른 자세 익히기

 글씨를 쓸 때의 올바른 자세에 대해 알아보아요.

고개를 조금만 숙입니다.

글씨를 쓰지 않는 손으로 공책을 살짝 눌러 줍니다.

허리를 곧게 폅니다.

엉덩이를 의자 뒤쪽에 붙입니다.

두 발은 바닥에 나란히 닿도록 합니다.

 연필을 바르게 잡는 방법을 알아보아요.

엄지손가락과 집게손가락의 모양을 둥글게 하여 연필을 잡습니다.

연필을 잡을 때에 너무 힘을 주면 안 돼요.

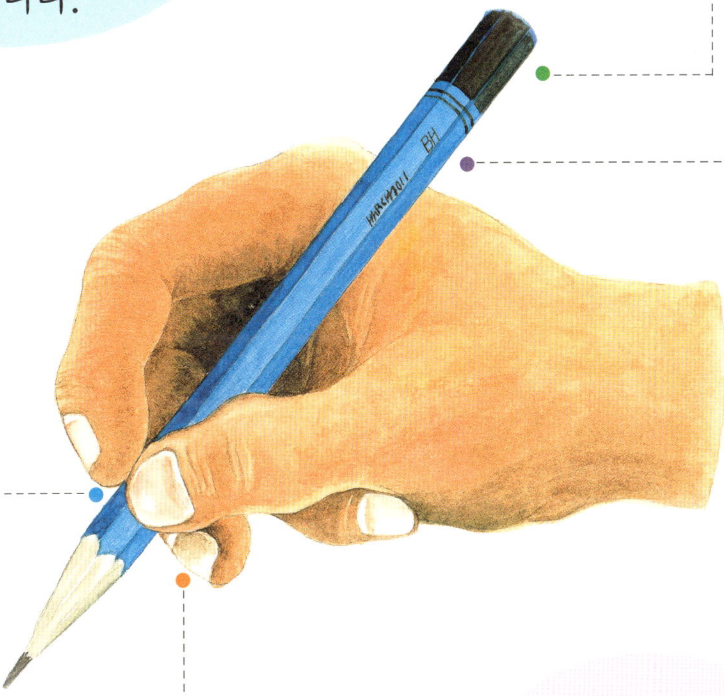

가운뎃손가락으로 연필을 받칩니다.

연필을 너무 세우거나 눕히지 않습니다.

목차

바른자세 익히기 · · · · · · · · · · · · · · 4

1. 감동의 물결 · · · · · · · · · · · · · · 7
   글씨 따라쓰기 · · · · · · · · · · · · · · 8
   퍼즐로 배우는 낱말풀이 · · · · · · · 20
   틀린 글자 바르게 고쳐쓰기 · · · · · 22

2. 아는 것이 힘 · · · · · · · · · · · · 23
   글씨 따라쓰기 · · · · · · · · · · · · · 24
   퍼즐로 배우는 낱말풀이 · · · · · · · 36
   틀린 글자 바르게 고쳐쓰기 · · · · · 38

3. 여러 가지 생각 · · · · · · · · · · 39
   글씨 따라쓰기 · · · · · · · · · · · · · 40
   퍼즐로 배우는 낱말풀이 · · · · · · · 52
   틀린 글자 바르게 고쳐쓰기 · · · · · 54

4. 마음을 전해요 · · · · · · · · · · · 55
   글씨 따라쓰기 · · · · · · · · · · · · · 56
   퍼즐로 배우는 낱말풀이 · · · · · · · 68
   틀린 글자 바르게 고쳐쓰기 · · · · · 70

5. 알기 쉽게 차례대로 · · · · · · 71
   글씨 따라쓰기 · · · · · · · · · · · · · 72
   퍼즐로 배우는 낱말풀이 · · · · · · · 84
   틀린 글자 바르게 고쳐쓰기 · · · · · 86

6. 좋은 생각이 있어요 · · · · · · 87
   글씨 따라쓰기 · · · · · · · · · · · · · 88
   퍼즐로 배우는 낱말풀이 · · · · · · · 98
   틀린 글자 바르게 고쳐쓰기 · · · 100

7. 이야기의 세계 · · · · · · · · · · 101
   글씨 따라쓰기 · · · · · · · · · · · · 102
   퍼즐로 배우는 낱말풀이 · · · · · · 112
   틀린 글자 바르게 고쳐쓰기 · · · 114

8. 우리끼리 오순도순 · · · · · · 115
   글씨 따라쓰기 · · · · · · · · · · · · 116
   퍼즐로 배우는 낱말풀이 · · · · · · 126
   틀린 글자 바르게 고쳐쓰기 · · · 128

   퍼즐 정답 · · · · · · · · · · · · · · · 129
   원고지 사용법 · · · · · · · · · · · · 130

School Life

1. 감동의 물결

1. 감동의 물결

 연필을 바르게 잡고 다음 낱말을 따라 써 보아요.

세 계

참 새

국 어 책

산 수 책

 다음 글을 읽고 문장을 따라 써 보아요.

참새네 아기는 말 배우기

쉽겠다. '짹' 소리만 할 줄

알면 되겠다.

1. 감동의 물결

 연필을 바르게 잡고 다음 낱말을 따라 써 보아요.

| 신호등 | 신호등 | 신호등 |
| 신호등 | 신호등 | 신호등 |

| 횡단보도 | 횡단보도 |
| 횡단보도 | 횡단보도 |

| 호루라기 | 호루라기 |
| 호루라기 | 호루라기 |

| 교통순경 | 교통순경 |
| 교통순경 | 교통순경 |

 다음 글을 읽고 문장을 따라 써 보아요.

단 하루만이라도 어른들을

거인국으로 보내자. 모두 어

마어마하게 크겠지.

1. 감동의 물결

 연필을 바르게 잡고 다음 낱말을 따라 써 보아요.

까 치   까 치   까 치   까 치

빗 자 루   빗 자 루   빗 자 루

미 역 국   미 역 국   미 역 국

뾰 족 한   뾰 족 한   뾰 족 한

 다음 글을 읽고 문장을 따라 써 보아요.

까치야 까치야 낡은 이

가져가고 새 이를 가져오라

1. 감동의 물결

다음 글을 읽고 문장을 따라 써 보아요.

옛날에 아주 평화롭고 살

기 좋은 마을이 있었습니다

마을 사람 모두 착해서 싸

우는 일이 없었습니다.

 다음 글을 읽고 문장을 따라 써 보아요.

신하를 불러 땅 위에서도

살 수 있는 용궁 샘물 한

병을 주며 사람 한 명을

데려오라고 명령하였습니다.

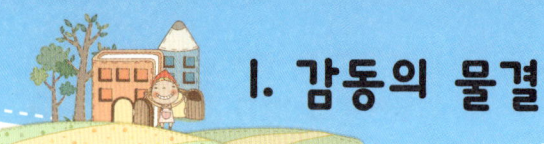

1. 감동의 물결

다음 글을 읽고 문장을 따라 써 보아요.

'용왕님이 노하시면 큰일이다. 누군가 제물로 따라가기는 해야겠는데, 살아 돌아올 수 있을지 모르겠군.'

 다음 글을 읽고 문장을 따라 써 보아요.

그때부터 사람들은 이 마을에 언제나 재미난 웃음이 끊이지 않는다며 재미네골이라고 불렀습니다.

1. 감동의 물결

다음 글을 읽고 문장을 따라 써 보아요.

종민이는 오줌을 누다 말고 어안이 벙벙합니다.

"야! 너 아까도 거지더니 또 거지잖아?"

 다음 글을 읽고 문장을 따라 써 보아요.

앞에 앉은 누리가 다정하게 이야기합니다. 전학 와서 처음으로 들어 보는 친절한 말입니다.

퍼즐로 배우는 낱말풀이

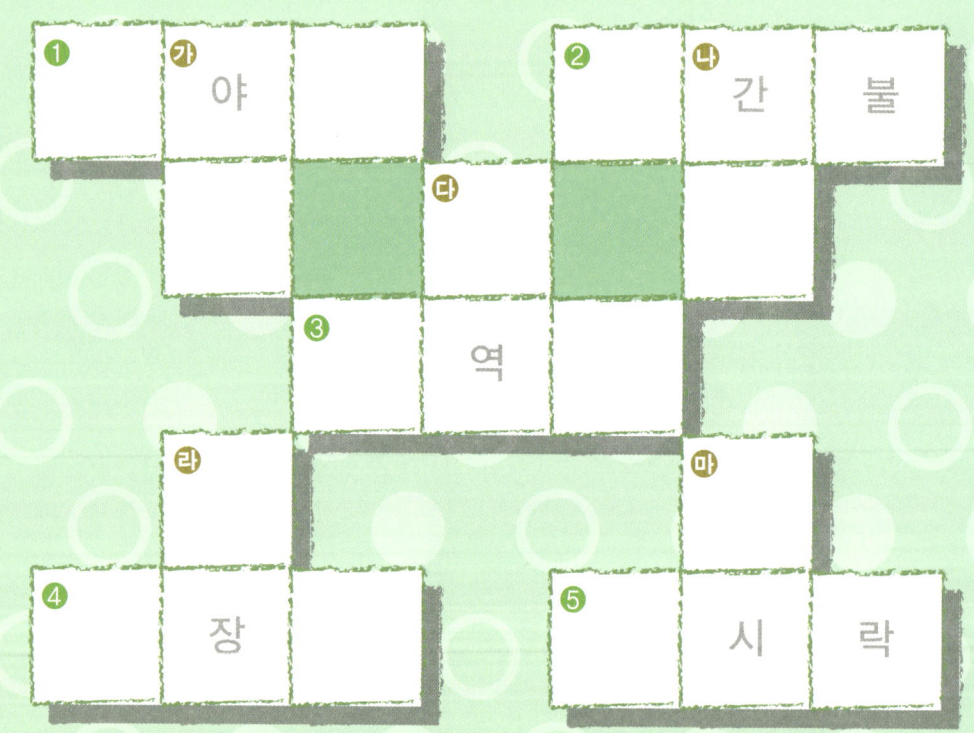

★ 해답은 129페이지

1 PUZZLE

가로 퍼즐

① 자신이 경험한 지난 일이나 마음속에 있는 생각을 남에게 일러 주는 말
② 신호등에서 우리가 건너지 말아야 할 불. 파란불의 반대말
③ 미역을 넣어 끓인 국
④ 우리가 급할때 가는곳. '변소'를 달리 이르는 말
⑤ 밥을 담는 작은 그릇

세로 퍼즐

가) 9명씩으로 이루어진 두 팀이 9회씩 공격과 수비를 번갈아 하며 승패를 겨루는 구기 경기
나) 끼니와 끼니 사이에 음식을 먹음. 또는 그 음식. '샛밥', '새참', '군음식'으로 순화
다) 전체 사회를 어떤 특징으로 나눈 일정한 공간 영역
라) 어떤 일을 함께 하는 소규모 조직체인 반(班)을 대표하여 일을 맡아보는 사람
마) 단속하기 위하여 주의 깊게 살핌

1 감동의 물결

글씨체 3-1학기

 틀린 글자예요. 바르게 고쳐 써 보아요.

| 표정과 몸찟 | 몸짓 몸짓 몸짓 몸짓 몸짓 몸짓 몸짓 |

| 낫잠을 자고 | 낮잠 낮잠 낮잠 낮잠 낮잠 낮잠 낮잠 |

| 솟뚜껑이 열리는 | 솥뚜껑 솥뚜껑 솥뚜껑 솥뚜껑 솥뚜껑 솥뚜껑 |

| 엄지 손까락 | 손가락 손가락 손가락 손가락 손가락 손가락 |

2. 아는 것이 힘

2. 아는 것이 힘

 연필을 바르게 잡고 다음 낱말을 따라 써 보아요.

목련 목련 목련 목련
목련 목련 목련 목련

진달래 진달래 진달래
진달래 진달래 진달래

씨앗 씨앗 씨앗 씨앗
씨앗 씨앗 씨앗 씨앗

식물 식물 식물 식물
식물 식물 식물 식물

 다음 글을 읽고 문장을 따라 써 보아요.

봄이 오면 우리 마을에 여러 가지 꽃이 핍니다. 노란 개나리가 활짝 핍니다.

2. 아는 것이 힘

 연필을 바르게 잡고 다음 낱말을 따라 써 보아요.

봉선화 봉선화 봉선화
봉선화 봉선화 봉선화

참외 참외 참외 참외
참외 참외 참외 참외

동물 동물 동물 동물
동물 동물 동물 동물

독수리 독수리 독수리
독수리 독수리 독수리

 다음 글을 읽고 문장을 따라 써 보아요.

민들레는 가벼운 솜털 모양의 씨앗을 만들어 씨앗이 바람을 타고 멀리 날아갈 수 있도록 합니다.

2. 아는 것이 힘

 연필을 바르게 잡고 다음 낱말을 따라 써 보아요.

딱따구리   딱따구리
딱따구리   딱따구리

카멜레온   카멜레온
카멜레온   카멜레온

달팽이   달팽이
달팽이   달팽이

개미핥기   개미핥기
개미핥기   개미핥기

 다음 글을 읽고 문장을 따라 써 보아요.

독수리는 튼튼하고 끝이

갈고리처럼 구부러진 부리로

먹이를 찢어 먹습니다.

2. 아는 것이 힘

 다음 글을 읽고 문장을 따라 써 보아요.

개구리와 두꺼비도 카멜레온보다는 짧지만 길고 넓은 혀로 번개처럼 빠르게 벌레를 잡아 삼킵니다.

 다음 글을 읽고 문장을 따라 써 보아요.

바다에 사는 해마는 진공

청소기처럼 생긴 긴 입으로

아주 작은 동물들을 빨아들

입니다.

2. 아는 것이 힘

 다음 글을 읽고 문장을 따라 써 보아요.

태권도의 기술은 크게 품새와 겨루기로 나눌 수 있습니다. 승패를 가리는 방법으로 겨루기를 합니다.

 다음 글을 읽고 문장을 따라 써 보아요.

우리나라에서 파견한 사범들의 지도로 전 세계의 수많은 사람이 태권도를 배우고 있습니다.

2. 아는 것이 힘

 다음 글을 읽고 문장을 따라 써 보아요.

정과는 꿀에 조리면 향기롭고 맛이 한결 좋아지는데 아주 되게 조려야 쫄깃쫄깃해집니다.

 다음 글을 읽고 문장을 따라 써 보아요.

옛날에는 가락엿을 부러뜨

려, 그 속의 구멍이 더 많

고 더 큰 쪽이 이기는 엿

치기를 하기도 하였습니다.

퍼즐로 배우는 낱말풀이

❶	가)교		❷	나)소	리	
	❸	다)물			라)	
			❹		수	
			마)		리	
❺바)개		리				

★ 해답은 129페이지

 **PUZZLE**

가로 퍼즐

① 교사가 계속적으로 학생에게 교육을 실시하는 기관
② 발을 옮겨 디딜 때 발이 바닥에 닿아 나는 소리
③ 사람을 제외한 길짐승, 날짐승, 물짐승 따위를 통틀어 이르는 말. 식물의 반대말
④ 노래 부르는 것이 직업인 사람
⑤ 올챙이가 자란 것으로 뒷발이 길고 발가락 사이에 물갈퀴가 있다.

세로 퍼즐

㉮ 학습 활동이 이루어지는 방
㉯ 오줌
㉰ 급수차
㉱ 우리나라에서 가장 큰 새. 어두운 갈색으로 부리와 발톱이 날카롭고 크다. 주로 죽은 동물을 먹는다.
㉲ 긴 쇠붙이나 줄, 끈 따위를 구부리고 양 끝을 맞붙여 둥글거나 모나게 만든
㉳ 부지런한 곤충으로 불리우며 반대되는 곤충으로 베짱이가 있다.

 ## 2 감동의 물결

글씨체 3-1학기

 틀린 글자예요. 바르게 고쳐 써 보아요.

쓰래기	쓰 레 기	쓰 레 기	쓰 레 기
	쓰 레 기	쓰 레 기	쓰 레 기

바다속 자원	바 닷 속	바 닷 속	바 닷 속
	바 닷 속	바 닷 속	바 닷 속

얼굴빗이 좋지 않아	얼 굴 빛	얼 굴 빛	얼 굴 빛
	얼 굴 빛	얼 굴 빛	얼 굴 빛

이제 갠찬아	괜 찮 아	괜 찮 아	괜 찮 아
	괜 찮 아	괜 찮 아	괜 찮 아

3. 여러 가지 생각

3. 여러 가지 생각

 연필을 바르게 잡고 다음 낱말을 따라 써 보아요.

우체통	우체통	우체통
우체통	우체통	우체통

편지	편지	편지	편지
편지	편지	편지	편지

쓰레기통	쓰레기통
쓰레기통	쓰레기통

가방	가방	가방	가방
가방	가방	가방	가방

 다음 글을 읽고 문장을 따라 써 보아요.

어린이 여러분! 놀이 기

구를 이용할 때에는 놀기에 ✓

편한 차림을 해야 합니다.

3. 여러 가지 생각

 연필을 바르게 잡고 다음 낱말을 따라 써 보아요.

| 공 주 | 공 주 | 공 주 | 공 주 |
| 공 주 | 공 주 | 공 주 | 공 주 |

| 의 사 | 의 사 | 의 사 | 의 사 |
| 의 사 | 의 사 | 의 사 | 의 사 |

| 궁 궐 | 궁 궐 | 궁 궐 | 궁 궐 |
| 궁 궐 | 궁 궐 | 궁 궐 | 궁 궐 |

| 보 물 | 보 물 | 보 물 | 보 물 |
| 보 물 | 보 물 | 보 물 | 보 물 |

 다음 글을 읽고 문장을 따라 써 보아요.

어느 날, 임금님이 사랑하는 공주가 덜컥 병에 걸려 자리에 눕고 말았습니다.

3. 여러 가지 생각

 연필을 바르게 잡고 다음 낱말을 따라 써 보아요.

망원경	망원경	망원경
망원경	망원경	망원경

양탄자	양탄자	양탄자
양탄자	양탄자	양탄자

잔치	잔치	잔치	잔치
잔치	잔치	잔치	잔치

청년	청년	청년	청년
청년	청년	청년	청년

 다음 글을 읽고 문장을 따라 써 보아요.

"삼 형제 중에서 마법

사과를 가져온 막내를 공주

의 신랑감으로 택하겠소."

3. 여러 가지 생각

 다음 글을 읽고 문장을 따라 써 보아요.

나머지 두 청년에게는 아직 보물이 남아 있지만, 마법 사과를 먹인 막내에게는 이제 보물이 없기 때문이오

 다음 글을 읽고 문장을 따라 써 보아요.

재판장님, 자라는 벌을 받

아야 합니다. 왜냐하면, 거짓

말쟁이인 데다가 흉악하기

때문입니다.

3. 여러 가지 생각

 다음 글을 읽고 문장을 따라 써 보아요.

자라는 뻔뻔스럽게도 멀쩡

한 제 배를 갈라 간을 꺼

내려고 하였습니다. 저는 하

마터면 죽을 뻔하였습니다.

 다음 글을 읽고 문장을 따라 써 보아요.

토끼는 제멋에 겨워 달콤한 말에 속았습니다. 헛된 욕심을 부리지 않았다면 따라오지 않았을 것입니다.

3. 여러 가지 생각

 다음 글을 읽고 문장을 따라 써 보아요.

　여기서 나가기만 하면 우선 저 사냥꾼을 잡아먹고, 사슴이나 토끼를 닥치는 대로 잡아먹어야지.

 다음 글을 읽고 문장을 따라 써 보아요.

호랑이님이 어떻게 이 궤

짝 속에 들어갔는지 잘 알

았습니다. 그럼 저는 바빠서

이만 가 보겠습니다.

퍼즐로 배우는 낱말풀이

★ 해답은 129페이지

3 PUZZLE

가로 퍼즐

① 안부, 소식, 용무 따위를 적어 보내는 글
② 물건을 넣어 들거나 메고 다닐 수 있게 만든 용구. 학교다닐때 들고다니는 것
③ 왕비가 낳은 임금의 딸. 인어○○
④ 기쁜 일이 있을 때에 음식을 차려 놓고 여러 사람이 모여 즐기는 일
⑤ 충청북도의 중앙에 있는 시. 교육 도시로 충북 대학교가 있는 곳

세로 퍼즐

㉮ 나무나 풀의 원줄기에서 뻗어 나온 줄기
㉯ 앉을 때 밑에 까는 작은 깔개
㉰ 학문이나 기술을 배우고 익힘
㉱ 정원에 ○○를 깎다. 금○○
㉲ 더럽거나 어지러운 것을 쓸고 닦아서 깨끗하게 함

3 여러 가지 생각

 틀린 글자예요. 바르게 고쳐 써 보아요.

윗어른의 마음	웃어른
울타리의 못 자욱	못 자국
속쌍한	속상한
동전 한 잎	한 닢

4. 마음을 전해요

4. 마음을 전해요

 연필을 바르게 잡고 다음 낱말을 따라 써 보아요.

한글 한글 한글 한글
한글 한글 한글 한글

감상문 감상문 감상문
감상문 감상문 감상문

백성 백성 백성 백성
백성 백성 백성 백성

훈민정음 훈민정음
훈민정음 훈민정음

 다음 글을 읽고 문장을 따라 써 보아요.

세종 대왕의 인자한 표정

을 보면서 어떤 내용일지

궁금하였습니다.

4. 마음을 전해요

 연필을 바르게 잡고 다음 낱말을 따라 써 보아요.

할머니 　할머니 　할머니
할머니 　할머니 　할머니

무당벌레 　무당벌레
무당벌레 　무당벌레

도서관 　도서관 　도서관
도서관 　도서관 　도서관

곤충 　곤충 　곤충 　곤충
곤충 　곤충 　곤충 　곤충

 다음 글을 읽고 문장을 따라 써 보아요.

주말농장과 들판에서 만날

수 있는 곤충까지 여러 곤

충이 소개되어 있습니다.

4. 마음을 전해요

 연필을 바르게 잡고 다음 낱말을 따라 써 보아요.

사슴벌레

잠자리

설명

주말농장

 다음 글을 읽고 문장을 따라 써 보아요.

사람들과 사이좋게 살아가는 곤충의 모습이 참 다정하게 느껴졌습니다.

4. 마음을 전해요

다음 글을 읽고 문장을 따라 써 보아요.

옛날부터 우리나라에 호랑이가 많이 살았대. 그래서 우리나라를 대표하는 동물로 호랑이를 꼽았대.

 다음 글을 읽고 문장을 따라 써 보아요.

호랑이는 사람을 지켜 주

기도 하고 친구가 되어 주

기도 하는 아주 멋진 동물

이라는 생각이 들었어.

4. 마음을 전해요

 다음 글을 읽고 문장을 따라 써 보아요.

강낭콩 싹을 보면서 생명을 가진 것은 참 소중하다는 생각을 하였어. 모두 네 덕분이야. 고마워.

 다음 글을 읽고 문장을 따라 써 보아요.

된장국과 김치처럼 맛도

좋고 영양가도 많은 우리

음식을 좀 더 즐겨 먹어야

겠다는 생각을 하였다.

4. 마음을 전해요

 다음 글을 읽고 문장을 따라 써 보아요.

아름다움을 이야기하는 요

정들은 밤하늘의 별이 이

세상에서 가장 아름답다고

말하였습니다.

 다음 글을 읽고 문장을 따라 써 보아요.

지금도 이 꽃은 해가 진 ✓
뒤에 떠오를 달님을 맞이하
기 위하여 얼굴을 노랗게
물들이고 피어납니다.

퍼즐로 배우는 낱말풀이

★ 해답은 129페이지

PUZZLE

가로 퍼즐

① 어떤 사물이나 현상을 보고 느낀 바를 쓴 글
② 사람이나 동물의 목 위의 머리털이 있는 부분
③ 우리나라 고유 글자의 이름. 세종 대왕이 우리말을 표기하기 위하여 만든 글자
④ 인류가 사는 천체로, 달을 위성으로 가진다.
⑤ 겹으로 된 천 사이에 솜, 깃털 따위를 넣고 자루 모양으로 만든 침구. 주로 야영할 때에 쓴다.
⑥ 동물의 왕으로 불리고 나무가 없는 초원에서 무리 지어 사는데 아프리카의 초원 지대, 인도, 이란 등지에 분포한다.

세로 퍼즐

㉮ 상을 주는 뜻을 표하여 주는 증서
㉯ 아버지의 어머니
㉰ 중국에서 만들어 오늘날에도 쓰고 있는 문자
㉱ 어떤 일이나 사물에 대하여서 깊이 있게 조사하고 생각하여 진리를 따져 보는 일
㉲ 콩과로 자주색과 흰색이있다. 주로 밥에 넣어 먹는다.
㉳ 밀가루나 쌀가루에 설탕, 우유 따위를 섞어 굽거나 기름에 튀겨서 만든 음식. 주로 간식으로 먹는다.

4. 마음을 전해요

글씨체 3-1학기

 틀린 글자예요. 바르게 고쳐 써 보아요.

| 누구인지 발키기 | 밝 히 기   밝 히 기   밝 히 기
밝 히 기   밝 히 기   밝 히 기 |

| 전하 번호 | 전 화 번 호   전 화 번 호
전 화 번 호   전 화 번 호 |

| 귀국 날자 | 날 짜   날 짜   날 짜   날 짜
날 짜   날 짜   날 짜   날 짜 |

| 역활놀이 | 역 할 놀 이   역 할 놀 이
역 할 놀 이   역 할 놀 이 |

5. 알기 쉽게 차례대로

5. 알기 쉽게 차례대로

 연필을 바르게 잡고 다음 낱말을 따라 써 보아요.

장난감   장난감   장난감
          장난감   장난감   장난감

종이접기   종이접기
종이접기   종이접기

자동차   자동차   자동차
          자동차   자동차   자동차

바퀴   바퀴   바퀴   바퀴
        바퀴   바퀴   바퀴   바퀴

 다음 글을 읽고 문장을 따라 써 보아요.

조립 설명서를 읽지 않으면 조립하는데 어려움을 느끼고 시간도 더 걸립니다.

5. 알기 쉽게 차례대로

 연필을 바르게 잡고 다음 낱말을 따라 써 보아요.

종이컵

나무젓가락

색종이

가위

 다음 글을 읽고 문장을 따라 써 보아요.

한 번 쓰고 버리기 아까

운 종이컵으로 말하는 인형

을 만들어 봅시다.

5. 알기 쉽게 차례대로

 연필을 바르게 잡고 다음 낱말을 따라 써 보아요.

	일 회 용	일 회 용	일 회 용
	연 필	연 필	연 필
	고 무 줄	고 무 줄	고 무 줄
	손 가 락	손 가 락	손 가 락

 다음 글을 읽고 문장을 따라 써 보아요.

완성된 종이컵 인형의 나

무젓가락을 한 손으로 잡고

종이띠를 위아래로 당겼다

놓았다 반복합니다.

5. 알기 쉽게 차례대로

다음 글을 읽고 문장을 따라 써 보아요.

손가락 끝에 걸려 있는

둥근 고무줄을 빼지 않고도 ✓

안쪽에 끼운 고무줄을 옆

손가락으로 옮기는 것이다.

 다음 글을 읽고 문장을 따라 써 보아요.

두 번째 고무줄이 감겨

있는 네 손가락을 구부려

오른손으로 당긴 둥근 고무

줄의 안쪽에 넣습니다.

5. 알기 쉽게 차례대로

 다음 글을 읽고 문장을 따라 써 보아요.

알록달록하게 만든 산가지

뿐만 아니라 성냥개비나 이

쑤시개, 나뭇가지로도 놀이를

할 수 있습니다.

🔍 다음 글을 읽고 문장을 따라 써 보아요.

떼어 내기 놀이는 두 명

이상 네 명 정도의 사람들

이 방이나 마당 등 어디에

서든지 할 수 있습니다.

5. 알기 쉽게 차례대로

다음 글을 읽고 문장을 따라 써 보아요.

다른 산가지를 건드리면

산가지를 떼어 내지 못하고

그대로 두어야 합니다. 건드

리면 가져 갈 수 없습니다

다음 글을 읽고 문장을 따라 써 보아요.

산가지가 가장 많은 사람

이 우승합니다. 산가지가 가

장 적은 사람에게 벌칙을

줄 수 있습니다.

퍼즐로 배우는 낱말풀이

★ 해답은 129페이지

 **PUZZLE**

가로 퍼즐

① 어머니의 여자 형제
② 마술을 부리는 것을 전문으로 하는 사람
③ 책이나 글 따위에서 순서를 적어 놓은 항목
④ 달음질하는 일. 오래 ○○○

세로 퍼즐

㉮ 주로 글을 쓰거나 그림을 그리거나 인쇄를 하는 데 쓴다.
㉯ 그림 · 조각 · 건축 · 공예 · 서예 따위로, 공간 예술 · 조형 예술 등으로 불린다.
㉰ 차를 타는 데에 드는 비용
㉱ 끈이나 띠 모양의 물건을 통틀어 이르는 말. 머리, 모자, 선물, 훈장 따위의 장식에 쓴다.

5 알기 쉽게 차례대로

글씨체 3-1학기

 틀린 글자예요. 바르게 고쳐 써 보아요.

행단보도	횡단보도
문반구	문방구
차례	차례
눈에 띠어	띄어

6. 좋은 생각이 있어요

6. 좋은 생각이 있어요

 연필을 바르게 잡고 다음 낱말을 따라 써 보아요.

초가집 초가집 초가집
초가집 초가집 초가집

욕심 욕심 욕심 욕심
욕심 욕심 욕심 욕심

염소 염소 염소 염소
염소 염소 염소 염소

통나무 통나무 통나무
통나무 통나무 통나무

 다음 글을 읽고 문장을 따라 써 보아요.

어라, 여기에 통나무 다리가 있네. 와, 다리 밑을 흐르는 냇물이 무척 깊구나.

6. 좋은 생각이 있어요

 연필을 바르게 잡고 다음 낱말을 따라 써 보아요.

무릎 무릎 무릎 무릎
무릎 무릎 무릎 무릎

짧은 짧은 짧은 짧은
짧은 짧은 짧은 짧은

선비 선비 선비 선비
선비 선비 선비 선비

헛기침 헛기침 헛기침
헛기침 헛기침 헛기침

 다음 글을 읽고 문장을 따라 써 보아요.

새로 지은 옷을 입어 보니 바지가 한 뼘이나 길어서 땅에 질질 끌렸습니다.

6. 좋은 생각이 있어요

 다음 글을 읽고 문장을 따라 써 보아요.

"그것참, 이상하네요. 제가

어젯밤에 아버지께서 말씀하

신 대로 분명히 바지를 한

뼘만 줄여 놓았습니다."

 다음 글을 읽고 문장을 따라 써 보아요.

"이걸 어쩌면 좋아? 저는 언니들이 줄여 놓은 줄도 모르고 오늘 아침에 한 뼘을 줄여 놓았습니다."

6. 좋은 생각이 있어요

 다음 글을 읽고 문장을 따라 써 보아요.

거위는 날마다 황금알을

딱 하나씩만 낳았습니다. 농

부는 그 황금알을 날마다

시장에 내다 팔았습니다.

 다음 글을 읽고 문장을 따라 써 보아요.

날마다 하나씩 황금알을

낳는 걸 보면, 저 거위 배

속에는 황금알이 엄청나게

많이 있을 거예요.

6. 좋은 생각이 있어요

 다음 글을 읽고 문장을 따라 써 보아요.

정승인 맹사성이 마을에

온다는 소식을 들은 고향

마을의 원님은 길을 깨끗이

청소하였습니다.

 다음 글을 읽고 문장을 따라 써 보아요.

이 늙은이야, 정승이 오신

다고 해서 잘 청소해 놓은

길이다. 네가 누군데 이 길

을 먼저 가려는 게냐?

퍼즐로 배우는 낱말풀이

★ 해답은 129페이지

6 PUZZLE

가로 퍼즐

① 짚이나 갈대 따위로 지붕을 만든 집. 제주도에는 아직도 존재한다.
② 남에게 어떤 물건 따위를 선사함. 생일○○
③ 항공, 열차, 버스 노선 따위의 맨 끝 지점. 또는 많은 교통 노선이 모여 있는 역
④ 옷이나 천 따위의 주름이나 구김을 펴고 줄을 세우는 데 쓰는 도구

세로 퍼즐

㉮ 풀의 빛깔과 같이 푸른빛을 약간 띤 녹색. 또는 그 물감
㉯ 집이 있거나 있었거나, 집을 지을 자리. 주거지
㉰ 일정한 형체를 갖춘 모든 물질적 대상
㉱ 식물로 길이가 길고 초록색이다. 봄을 알리는 채소로 논에서 재배한다.

6 좋은 생각이 있어요

글씨체 3-1학기

 틀린 글자예요. 바르게 고쳐 써 보아요.

백짓장도 맞들면	백 지 장
소 일코 외양간	잃 고
생각과 지해	지 혜
천 냥 빗도 갚는다	천 냥 빚

100

7. 이야기의 세계

7. 이야기의 세계

 연필을 바르게 잡고 다음 낱말을 따라 써 보아요.

| 낚시 | 낚시 | 낚시 | 낚시 |
| 낚시 | 낚시 | 낚시 | 낚시 |

| 새벽 | 새벽 | 새벽 | 새벽 |
| 새벽 | 새벽 | 새벽 | 새벽 |

| 헤엄 | 헤엄 | 헤엄 | 헤엄 |
| 헤엄 | 헤엄 | 헤엄 | 헤엄 |

| 물고기 | 물고기 | 물고기 |
| 물고기 | 물고기 | 물고기 |

다음 글을 읽고 문장을 따라 써 보아요.

이때, 먹이를 찾던 솔개

한 마리가 주먹이를 낚아채

하늘 높이 올라갔습니다.

7. 이야기의 세계

 연필을 바르게 잡고 다음 낱말을 따라 써 보아요.

| 재산 | 재산 | 재산 | 재산 |
| 재산 | 재산 | 재산 | 재산 |

| 삼촌 | 삼촌 | 삼촌 | 삼촌 |
| 삼촌 | 삼촌 | 삼촌 | 삼촌 |

| 이부자리 | 이부자리 |
| 이부자리 | 이부자리 |

| 결혼 | 결혼 | 결혼 | 결혼 |
| 결혼 | 결혼 | 결혼 | 결혼 |

 다음 글을 읽고 문장을 따라 써 보아요.

어린 방정환의 가슴 한

구석에는 아무도 모르는 소

원 한 가지가 있었습니다.

7. 이야기의 세계

#

다음 글을 읽고 문장을 따라 써 보아요.

아주 오랫동안 목장에서 혼자 살았기 때문에 다른 말들이 어떻게 생겼는지 알 수가 없었습니다.

 다음 글을 읽고 문장을 따라 써 보아요.

"우선, 말은 다리가 있어

뱀은 다리가 없고. 뱀한테는

다리 같은 것은 필요 없으

니까. 자, 잘 봐!"

7. 이야기의 세계

다음 글을 읽고 문장을 따라 써 보아요.

오늘이는 자기를 낳아 주신 부모님을 꼭 찾고 싶었습니다. 그래서 마을의 한 할머니를 찾아갔습니다.

 다음 글을 읽고 문장을 따라 써 보아요.

구불구불 골짜기를 돌아가

니 연못이 나왔습니다. 연못

속에 장상 도령 말대로 연

꽃 나무가 있었습니다.

7. 이야기의 세계

다음 글을 읽고 문장을 따라 써 보아요.

사뿐사뿐 나무 사이를 지나가니 샘 하나가 나왔습니다. 그 곁에 선녀 셋이 앉아 울고 있었습니다.

 다음 글을 읽고 문장을 따라 써 보아요.

물이 한 방울도 새지 않

고 바가지에 찰랑찰랑 담겨

서 선녀들은 물을 다 퍼낼

수 있었습니다.

퍼즐로 배우는 낱말풀이

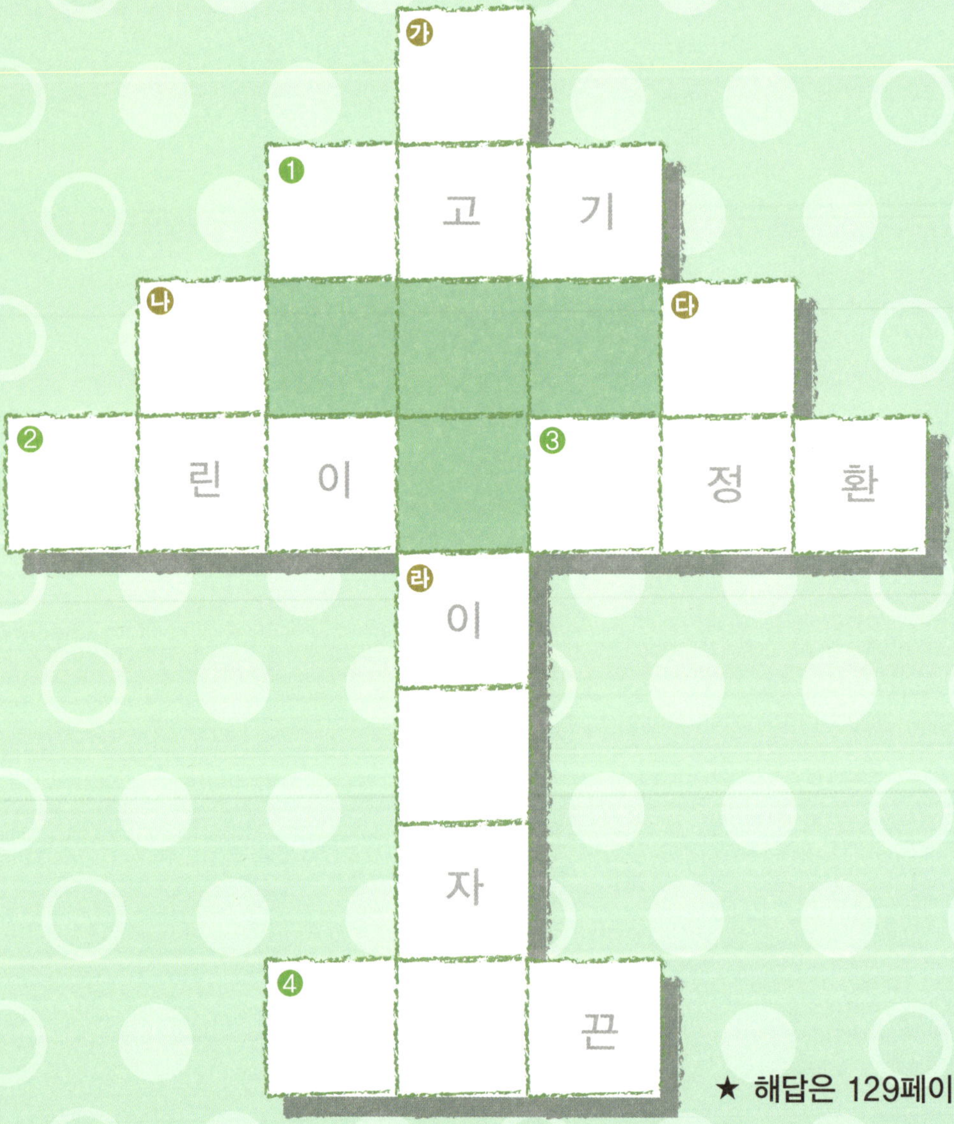

|가|
|①| |고|기|
나			다
②|린|이| |③| |정|환
	|라|이|	
	|자|	
④			끈

★ 해답은 129페이지

7 PUZZLE

가로 퍼즐

① 어류의 척추동물을 통틀어 이르는 말. 물에 사는 고기
② '어린아이'를 대접하거나 격식을 갖추어 이르는 말. 대개 4, 5세부터 초등학생까지의 아이를 이른다.
③ 우리나라 최초의 아동 문화 운동 단체인 '색동회'를 조직하여 소년 운동을 주창하고, 어린이날을 만든 인물
④ 머리를 묶거나 매는데 사용하는 가늘고 긴 물건

세로 퍼즐

㉮ 뜻밖에 일어난 불행한 일
㉯ 키가 크며 목이 긴 동물. 몸에는 갈색의 얼룩점이 있다.
㉰ 바로잡아 고침
㉱ 이불과 요를 통틀어 이르는 말

7 이야기의 세계

글씨체 3-1학기

 틀린 글자예요. 바르게 고쳐 써 보아요.

놉낫이	높낮이 높낮이 높낮이 높낮이 높낮이 높낮이
끙끙 알아누워	앓아 앓아 앓아 앓아 앓아 앓아 앓아 앓아
기영이 목까지	못 못 못 못 못 못 못 못 못 못 못 못
꿀딴지	꿀단지 꿀단지 꿀단지 꿀단지 꿀단지 꿀단지

114

8. 우리끼리 오순도순

8. 우리끼리 오순도순

 연필을 바르게 잡고 다음 낱말을 따라 써 보아요.

| 빨간 | 빨간 | 빨간 | 빨간 |
| 빨간 | 빨간 | 빨간 | 빨간 |

| 지우개 | 지우개 | 지우개 |
| 지우개 | 지우개 | 지우개 |

| 필통 | 필통 | 필통 | 필통 |
| 필통 | 필통 | 필통 | 필통 |

| 공책 | 공책 | 공책 | 공책 |
| 공책 | 공책 | 공책 | 공책 |

 다음 글을 읽고 문장을 따라 써 보아요.

아씨의 일곱 동무들은 서로 자기가 가장 중요하다며 싸우고 잘난 체하더군요.

8. 우리끼리 오순도순

 연필을 바르게 잡고 다음 낱말을 따라 써 보아요.

바늘

골무

일곱

다리미

다음 글을 읽고 문장을 따라 써 보아요.

아씨의 일곱 동무가 하는

일이 다 달라 똑같이 소중

하다는 것을 느꼈답니다.

8. 우리끼리 오순도순

 다음 글을 읽고 문장을 따라 써 보아요.

도토리나무가 다람쥐들을

위해 도토리 한 알 땅바닥

에 떨구어 주었다.

 다음 글을 읽고 문장을 따라 써 보아요.

도토리나무가 안타까운 듯

어디로 떨어졌는지 가르쳐

주려고 자꾸만 나뭇잎을 흔

들고 있다.

8. 우리끼리 오순도순

 다음 글을 읽고 문장을 따라 써 보아요.

도토리나무가 다람쥐들에게

먹이를 주려고 도토리 한

알을 떨어뜨려 주는 모습이

착하고 너그러워 보인다.

 다음 글을 읽고 문장을 따라 써 보아요.

이 대목을 읽으니 내 마음속에는 다람쥐들이 앞다리를 세우고 귀를 쫑긋쫑긋하는 커여운 모습이 떠올랐다

8. 우리끼리 오순도순

 다음 글을 읽고 문장을 따라 써 보아요.

오랜만에 춤 호랑이가 돌아오자, 다른 호랑이들이 반갑게 맞으며 잔치를 열기 위하여 사냥을 나갔다.

다음 글을 읽고 문장을 따라 써 보아요.

무서워 떨던 나무꾼이 피리를 불자, 춤 호랑이가 춤을 추어 호랑이 사다리가 무너졌다.

퍼즐로 배우는 낱말풀이

★ 해답은 129페이지

8 PUZZLE

가로 퍼즐

① 글자를 쓸 수 있게 흰 종이나 칸을 친 종이를 묶어서 맨 책
② 바느질할 때 바늘을 눌러 밀어 넣기 위하여 흔히 검지 손가락에 끼는 재봉 용구. 바늘로 인해 손가락에 상처가 생기는 것을 방지하기 위한 것이다.
③ 바람이 통함
④ 기압의 변화 또는 사람이나 기계에 의하여 일어나는 공기의 움직임. ○○이 불다.

세로 퍼즐

㉮ 힘이나 돈을 들이지 않고 거저 얻은 물건
㉯ 음악에 맞추어 율동적인 동작으로 감정과 의지를 표현하는 예술
㉰ 나무에 살며 도토리를 먹고 산다.
㉱ 연필이나 볼펜, 지우개 따위를 넣어 가지고 다니는 작은 상자 모양의 물건
㉲ 어떤 일을 한 뒤에 얻어지는 좋은 결과나 만족감. 또는 자랑스러움이나 자부심을 갖게 해 주는 일의 가치

8 감동의 물결

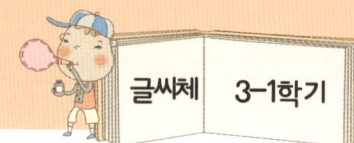
글씨체 3-1학기

틀린 글자예요. 바르게 고쳐 써 보아요.

오손도손	오순도순
붙침딱지	붙임
박에 나가지	밖에
안 조은 별명	좋은

퍼즐 정답

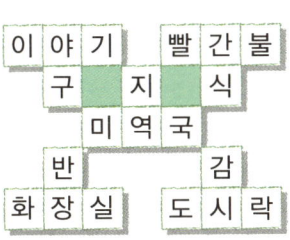

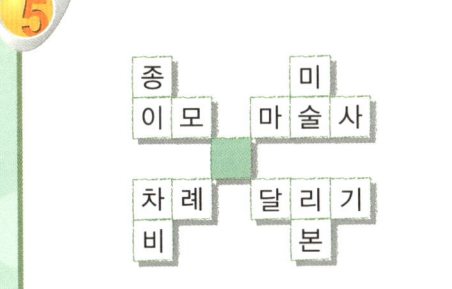

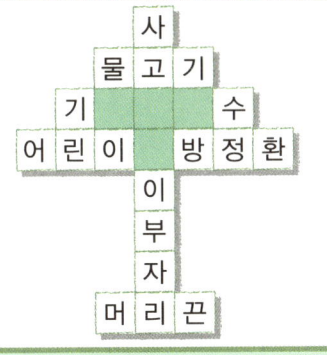
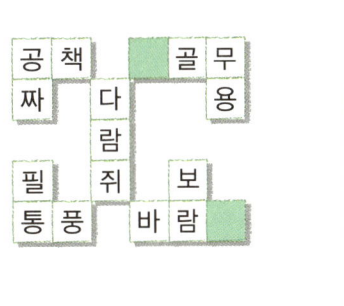

원고지 사용법

제목쓰기
- 맨 첫째 줄은 비우고, 둘째 줄 가운데에 씁니다.

| | | | | | | 학 | 교 | | | | | | |

학교, 학년 반, 이름쓰기

- 학교는 제목 다음 줄에 쓰며, 뒤에서 세 칸을 비웁니다.
- 학년과 반은 학교 다음 줄에 쓰며, 뒤에서 세 칸을 비웁니다.
- 이름은 학년, 반 다음 줄에 쓰며, 뒤에서 두 칸을 비웁니다.
- 본문은 이름 밑에 한 줄을 띄운 후 문장이 시작될때는 항상 첫 칸을 비우고 씁니다.

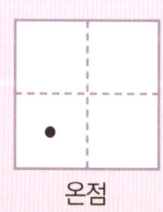			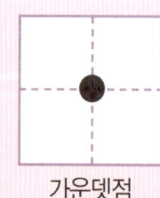	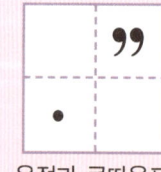	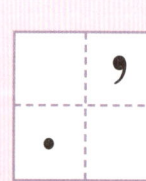
온점	물음표	느낌표	가운뎃점	온점과 큰따옴표가 같이 쓰일때	온점과 작은따옴표가 같이 쓰일때

● 아라비아 숫자는 한 칸에 두 자씩 씁니다.

| 19 | 98 | 년 | | 2 | 월 | | 28 | 일 | | | | |

● 문장 부호도 한 칸을 차지합니다.(온점)

| | 하 | 였 | 습 | 니 | 다 | . | | | | | | |

● 말없음표는 한 칸에 세 개씩 나누어 두 칸에 찍습니다.

| | 꼭 | | 가 | | 보 | 고 | | 싶 | 은 | 데 | … | … | . |

● 문장 부호 중 물음표나 느낌표는 그 다음 글을 쓸 때는 한 칸을 비웁니다. 그러나 온점이나 반점은 그 다음 칸을 비우지 않고 씁니다.

	하	느	님	!		하	느	님	이		정	말		계	실	까	?
보	람	이	는		궁	금	했	습	니	다	.		누	구	한	테	
물	어	보	아	야		하	나	?		엄	마	한	테		물	어	볼
까	,		아	빠	한	테		물	어	볼	까	?					

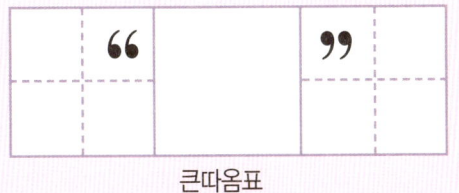

큰따옴표

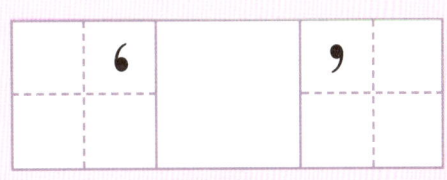

작은따옴표

2015년 2월 20일 초판 **발행**
2021년 2월 10일 4쇄 **발행**

발행처 주식회사 지원 출판
발행인 김진용

주소 경기도 파주시 탄현면 검산로 472-3
전화 031-941-4474
팩스 0303-0942-4474

등록번호 406-2008-000040호

*잘못된 책은 구입하신 서점에서 바꾸어 드립니다.